LES

CINQ PONTS DE PARIS

EN CONVERSATION

A L'OCCASION DU COURONNEMENT

DE L'EMPEREUR.

(1804)

LE PONT-NEUF.

LE PONT-ROYAL.

LE PONT-AU-CHANGE.

LE PONT-DE-LA-CONCORDE.

LE PONT-DES-ARTS.

LES
CINQ PONTS DE PARIS
EN CONVERSATION,
A L'OCCASION DU COURONNEMENT
DE L'EMPEREUR.

LE PONT-NEUF *au Pont-des-Arts.*

Salut à notre jeune et élégant confrère.

LE PONT-ROYAL *au même.*

Salut à notre aimable et charmant voisin.

LE PONT-DES-ARTS.

Messieurs, vous êtes trop honnêtes. Je bénis la destinée qui m'a si heureusement placé entre vous. Je suis loin de connoître tous les avantages de ma position ; mais celui de pouvoir profiter de votre expérience, de votre instruction, et de mériter vos bontés et votre suffrage, me paroîtra toujours le plus intéressant.

LE PONT-NEUF.

Voilà un jeune pont très-modeste, et avec lequel on peut causer. Je suis sûr que mes deux anciens collègues seront d'autant plus charmés de faire cette nouvelle connoissance, qu'elle ne peut ni leur nuire ni leur faire aucun ombrage.

LE PONT-ROYAL.

L'entretien d'ailleurs est bien plus facile lorsqu'on est achevé et dispensé de toute cérémonie.

LE PONT-DES-ARTS.

Comment, achevé? je ne vous comprends pas : est-ce qu'on pouvoit ne pas me finir puisqu'on m'a commencé?

LE PONT-NEUF.

Voilà bien le propos de la jeunesse qui ne doute de rien. Il faut donc vous dire que la Monnoie que vous voyez là, aussitôt qu'elle fut en état de parler, voulut faire connoissance avec le Louvre. Celui-ci, du ton de l'ancienne courtoisie, et par égard pour son sexe, la prévint en lui adressant ce discours : ma belle voisine, permettez, quoique le fleuve nous sépare, que je me félicite du bonheur qui m'a mis en regard avec vous.—J'en suis également flattée, lui repond très-civilement la Monnoie ; mais, avant d'entrer en conversation, *couvrez-vous*. Le Louvre effectivement n'étoit point achevé, il n'étoit point couvert ; et ce que n'avoient point fait Louis XIV et ses successeurs, étoit réservé à celui que la faveur du ciel destinoit à tous les genres de gloire.

LE PONT-DES-ARTS,

Je conviens que je serois plus commode et plus agréable si j'étois couvert : mais le printemps et l'été me couronnent de fleurs : c'est l'attribut de la jeunesse, et celui qui convient le mieux à ma légéreté.

LE PONT-ROYAL.

Aussi pendant la belle saison, vous êtes plutôt une promenade qu'un passage. L'air frais et parfumé que vous donnez à très-bon compte à ceux qui vous fréquentent, fera peut-être de vous le rendez-vous des Plaisirs et des Amours. Si vous n'y prenez garde, vous deviendrez suspect. Ce n'est pas sans chagrin que je m'aperçois que mille beautés que j'introduisois jadis aux Tuileries, se détournent de moi pour aller chercher sur votre parquet de la gaîté, de la musique et des glaces.

LE PONT-DES-ARTS.

Mon respectable collègue, vous êtes trop supérieur à moi pour que je soupçonne la jalousie d'avoir quelque part à ce discours. Je rends justice à votre mérite et je n'ai que celui d'un nouveau venu. C'est un grand avantage que le don de plaire ; mais peut-on plaire à tout le monde ? Les moralistes disent que j'ai des inconvéniens ; les bateliers me disent des injures ; les médecins assurent que je suis dangereux, quoique, dans le fait, ils devroient me prôner, s'il est vrai que je donne des rhumatismes et des catarrhes ; le Journal de Paris me chansonne, et l'Envie m'a déjà donné un ridicule sobriquet. Je crois que le meilleur parti que j'aie à prendre, c'est de laisser passer tous ces quolibets comme l'eau qui coule sous mes arches délicates. N'ai-je pas d'ailleurs de quoi me dédommager ? J'offre un charmant point de vue à tous les passans qui de l'un ou de l'autre de mes voisins s'arrêtent pour me regarder : je suis la chaîne ou la guirlande qui unit l'asile des Beaux-Arts au temple des Muses, des Sciences et du Goût ; et si, d'après les ordres de son auguste restaurateur, le Louvre doit bientôt recevoir le plus riche dépôt littéraire qui existe, j'aurai sous les yeux le plus beau monument de l'univers, remis dans toute sa splendeur par le plus grand homme qui ait illustré les fastes de l'histoire.

LE PONT-NEUF.

Vous avez raison, mon jeune ami, de dédaigner tous les sots discours ; à la longue ils pourroient altérer votre constitution. Vous éprouvez le sort de tout ce qui s'annonce pour être mieux que tout ce qui a été fait jusqu'à présent. Plus on rend de services aux hommes, plus on doit compter sur leur ingratitude ; ils ne savent louer que ce qui n'est plus. Si la débâcle vous emportoit aujourd'hui, demain tous les journaux retentiroient de vos éloges.

LE PONT-DES-ARTS.

Vous faites-là une réflexion peut-être bien plus profonde que vous ne pensez. Et vous, qui avez vu la ligue ; vous, que la main d'Henri IV a relevé, qui par reconnoissance avez long-temps porté sa statue, et qui avez frémi de sa chute lorsqu'elle fut renversée, que de précieuses instructions n'aurez-vous pas à me donner, si le sort accorde à votre vieillesse de longues années encore!.... Pour moi, je rends grace au ciel qui ne m'a donné l'existence qu'après les momens les plus désastreux et les plus sinistres, pour environner mes premiers regards de tous les aspects de l'allégresse et de la félicité publique.

LE PONT-DE-LA-CONCORDE.

Rien de plus légitime que les motifs d'enthousiasme dont notre jeune collègue est animé : je les conçois, et je serois plus heureux de n'avoir vu le jour qu'avec lui. Je fus l'enfant de l'orgueil, élevé par la magnificence, et n'ai point été sans effroi le témoin des revers qui les menacent. Quoiqu'au printemps de mon âge, j'ai vu depuis vingt années de plus grands événemens que tous mes confrères n'en ont vu depuis qu'ils existent; et ces événemens, s'ils n'ont pas altéré la solidité de mon caractère, m'ont donné une physionomie mélancolique et sombre dont il ne faut chercher la cause que dans la tristesse de mes souvenirs.

Dans l'espace de dix à douze ans, j'ai vu la monarchie, la république et l'empire ; aussi ai-je porté trois noms, et je fus le pont de la Révolution avant d'être celui de la Concorde. Je ne me rappelle plus guère à quelle occasion on me donna ce dernier nom qui ne signifie pas grand'chose ; et depuis qu'un héros m'a choisi pour le conduire au temple où devoit le couronner la Victoire, je ne devrois plus être connu que sous son nom, et c'est celui que je sollicite.

LE PONT-AU-CHANGE.

Mon ami, votre demande est trop juste : ceci me regarde, et je *change* votre nom contre celui que vous desirez. Mais continuez ce que vous aviez à nous dire : notre position nous mettoit à quelque distance des vicissitudes que vous avez éprouvées, et notre jeune collègue ne peut trouver, comme nous, que beaucoup d'intérêt à votre récit.

LE PONT-DE-LA-CONCORDE.

Avant moi, le quartier de Paris le plus opulent, le plus distingué par la magnificence de ses hôtels, ne communiquoit avec la cour que difficilement et d'une manière rétrograde. Je fus jeté avec hardiesse en face de cette place superbe qui couronne le plus beau jardin de l'univers, et je prêtois une communication facile avec la promenade la plus chérie des bons habitans de cette capitale. Je portois avec joie tout le poids de l'ancien régime, et cette distinction qui m'anoblissoit, me fit prendre un air de suffisance qui ne tarda pas à me devenir funeste. Je fus témoin d'une action indiscrète et coupable qui donna, dans les Tuileries, le premier signal de l'insurrection : je vis le premier élan de la liberté surcharger mes ceintres vigoureux de cette immense famille qu'une fédération nouvelle appeloit au Champ-de-Mars.... je vis cette foule effrayante, égarée, se précipiter comme des flots menaçans sur les avenues de Versailles, et dans son retour, qu'elle crut un triomphe, offrir à mes regards consternés une couronne déjà teinte de sang..... je vis, sur cette même place, l'inauguration de l'opprobre, la terreur féroce multiplier ses forfaits..... et de quelles horreurs encore n'eussé-je pas été le témoin, si le ciel outragé lui-même n'eût envoyé le héros exterminateur dont l'épée victorieuse devoit anéantir l'anarchie, sauver la France, et lui rendre sa première splendeur !

LE PONT-AU-CHANGE.

Graces lui soient rendues ! Eh, que c'est bien à juste titre qu'on lui décerne aujourd'hui des honneurs qui ajoutent plus à la gloire de la Nation qu'à la sienne !

Je ne suis pas aussi magnifiquement placé que

mon frère de la Concorde, mais je suis plus heureux que lui. Situé au centre de Paris, j'ai vu presque toutes les fêtes qui ont eu lieu pour l'entrée des rois et des reines dans cette ville; et quoique les arts soient poussés maintenant à un point étonnant de perfection, je doute que les fêtes que l'on prépare pour le couronnement de l'Empereur soient aussi belles que celles dont j'ai parfaitement conservé la mémoire.

LE PONT-DES-ARTS.

Mon vénérable doyen, vous voilà bien comme les vieillards, faisant toujours l'éloge du temps passé, et donnant toujours à ce qui n'est plus la préférence sur ce qui est ou ce qui sera dans la suite; mais, quoi que vous en disiez, j'éprouve une très-vive peine d'être placé de manière à ne voir que de beaucoup trop loin une superbe cérémonie dont tous les apprêts sont le tribut de l'amour et l'expression de la reconnoissance; je doute même que votre mémoire vous fournisse quelques détails qui puissent seulement en donner l'idée.

LE PONT-AU-CHANGE.

Vous en jugerez, si vous voulez bien m'écouter un moment. J'aurois plusieurs récits très-agréables à vous faire, mais un seul suffira. Les rois et les reines ont toujours fait leur entrée à Paris par la porte St.-Denis, pour arriver par moi jusqu'à Notre-Dame. Rien ne peut se comparer à la beauté des fêtes qui eurent lieu à l'occasion de l'entrée d'Isabeau de Bavière, épouse de Charles VI. Toutes les rues étoient tapissées et couvertes en haut avec des étoffes de soie ; des jets d'eau de senteur parfumoient l'air ; et le lait et le vin couloient de différentes fontaines. Les députés des six corps marchands portoient le dais : les corps de métiers suivoient, représentant en habit de caractère les sept péchés mortels, les sept vertus, la mort, le purgatoire, l'enfer et le paradis, le tout monté superbement. Un Génois fit tendre une corde depuis le haut des tours de Notre-Dame jusqu'à une des maisons que je portois alors : il descendit en dansant sur cette corde avec un flambeau allumé à chaque main ; il passa entre des rideaux de taffetas bleu à grandes fleurs-de-lys d'or dont j'étois couvert, et après avoir posé une couronne sur la tête de la reine, il reparut en l'air ; et comme il étoit déjà nuit, cet homme fut vu de tout Paris.

Charles VI voulant voir cette entrée sans être connu, dit à Savoisi, son favori : « Savoisi, je te
» prie que tu montes sur mon bon cheval, et je
» monterai derrière toi, et nous nous habillerons
» tellement qu'on ne nous cognoisse point, et al-
» lons voir l'entrée de ma femme...... et allèrent
» donc par la ville en divers lieux, se avancèrent
» pour venir au Châtelet à l'heure que la reine pas-

» soit, où il y avoit moult de peuple et grande
» presse ; et y avoit foison de sergents à grosses
» boulaies, lesquels pour deffendre la presse, fra-
» poient de côté et d'autre de leurs boulaies bien
» et fort, et se efforçoient toujours d'aprocher le
» roi et Savoisi ; et les sergents, qui ne cognois-
» soient mie le roi ni Savoisi, frapoient de leurs
» boulaies dessus, et en eut le roi plusieurs ho-
» rions sur les épaules bien assis ; et au soir en la
» présence des dames et demoiselles fut la chose
» récitée, et on commença à en bien farcer, et
» le roi même se farçoit des horions qu'il avoit
» reçus ».

Le lendemain, les bourgeois de Paris, suivant l'usage, portèrent à Charles VI de magnifiques présens : ils allèrent ensuite chez la reine, à qui un ours et une licorne présentèrent de leur part des présens encore plus riches. Rien n'étoit si ingénieux que ces mascarades, et ce n'est pas la première et la dernière cérémonie où les villes ont choisi des animaux pour leurs députés (*).

LE PONT-ROYAL.

Effectivement cela devoit être superbe ; et il faut convenir que voilà une reine bien amusée et un roi qui a bien de la dignité.

(*) Voyez Froissard et Sainte-Foi.

(13)

J'espère que nous ne manquerons pas de res-
sources pour célébrer d'une manière aussi somp-
tueuse le couronnement de l'Empereur et de son auguste épouse : je m'en repose sur le zèle, le goût,
le dévouement et la richesse d'une innombrable famille qui retrouve le bonheur et la gloire dans les
bras de son monarque et de son père. Je ne crois
pas qu'il y ait dans l'histoire un événement plus
remarquable que celui d'une nation brave, puis-
sante, la plus aimable de toutes et la plus éclairée,
qui remet entre les mains du génie, de la sagesse
et de la valeur la souveraine autorité qu'elle avoit
reprise et le sceptre qui doit la gouverner. Tous
les arts, toutes les sciences, tous les talens, devroient se réunir pour célébrer une époque aussi
mémorable.

LE PONT-DES-ARTS.

Au defaut d'expressions nous emploierons les em-
blêmes. L'esprit public se nourrit de ces images ingé-
nieuses qui deviennent le livre de la postérité.

L'astre qui s'élève à une si grande hauteur sur
notre horizon, et dont l'influence répand avec pro-
fusion la chaleur, le mouvement et la vie ; l'étoile
radieuse et brillante de son propre éclat, signe éter-
nel d'honneur et de lumière ; l'industrieuse et bien-
faisante abeille modestement placée sous les ailes de
l'aigle majestueux et superbe.... on aimera l'appli-

cation facile de ces simples allégories : et combien cette dernière ne convient-elle pas à la princesse que des liens chéris vont placer sous la même couronne ! Elle a toute la grace qui tempère la majesté, et toute la bonté qui fait adorer la puissance. La nature a mieux fait pour elle encore que sa destinée ; et son éloge, gravé dans tous les cœurs, est plus touchant et plus digne d'elle que ne le seroit le plus éloquent discours.... La ceinture ornée de diamans dont on doit lui présenter l'hommage, offriroit peut-être l'expression la plus fidèle, si la réunion de tout ce qu'il y a de plus parfait pouvoit peindre tous les sentimens qu'inspirent la douceur et la vertu sous les traits charmans de la bienfaisance.

LE PONT-AU-CHANGE.

Notre jeune ami vient de parler d'or. Mais il est impossible que mon cher voisin le Pont-Neuf, dont les talens sont bien anciennement connus, ne prenne pas au vol quelques-unes de ces idées pour en faire un ou deux couplets : sans doute il n'attendra pas une plus belle occasion pour se distinguer ; d'ailleurs, mon avis est qu'on gagne toujours à *changer*, même des vers médiocres contre de la bonne prose.

LE PONT-NEUF.

La modestie ne convient plus à mon âge ; mais je dois avouer humblement que j'ai beaucoup perdu de ma réputation. C'est un grand défaut que celui de n'être plus à la mode ; et depuis que le Vaudeville et son orchestre se sont emparé de mes premiers artistes, je n'ai plus même un *succès de mérite*, qui est le moindre qu'on puisse obtenir. Mais puisque vous l'exigez, je me laisse faire une douce violence, et je vous demande grace pour ces deux couplets qui sont plutôt votre ouvrage que le mien.

COUPLETS,

sur l'air :

La splendeur et la majesté
Sont faits pour gouverner le monde :
Sur la sagesse et la bonté
Le plus bel empire se fonde :
Ce qui se passe autour de moi
Doit-il paroître une merveille?
Le soleil fut le premier roi,
La première reine une abeille.

A son mérite, à sa valeur
Napoléon doit sa couronne ;
Couvrons d'un immortel honneur
Son nom, sa race, sa personne ;
Et que dans ce jour de bonheur,
L'Amour, les Graces, la Nature,
De celle que chérit son cœur
Forment la brillante ceinture.

LE PONT-AU-CHANGE.

Entre nous soit dit , vos couplets ne valent pas grand'chose : on entend bien ce que vous voulez dire ; mais vous y mettez de la prétention , et l'extrême simplicité convient seule à l'éloge des grands princes que la postérité peindra d'un seul trait ; d'ailleurs il ne faut pas qu'un pont s'exprime comme un lycée.

LE PONT-NEUF.

Que voulez-vous? le goût dominant me gagne peut-être ; j'ai voulu faire preuve de bonne volonté et non de génie, rendre à César ce qui appartient à César ; mais je n'ai pas l'esprit de M. *de Ségur.*

FIN.